EMG4-0036

合唱楽譜＜J-POP＞

J-POP CHORUS PIECE

合唱で歌いたい！ J-POPコーラスピース

混声4部合唱

僕のこと
(Mrs. GREEN APPLE)

作詞・作曲・編曲：大森元貴　合唱編曲：黒田賢一

••• 曲目解説 •••

ロックバンド、Mrs. GREEN APPLEが2019年1月にリリースしたシングルで、第97回全国高校サッカー選手権大会 応援歌です。報われた努力、叶った夢だけでなく、青春を懸けて頑張った努力や過ごした時間すべてを称えるような温かい歌詞が、若者はもちろん、大人になった全ての人たちの気持ちに寄り添いそっと背中を押してくれる応援ソング。この合唱楽譜は、2019年10月リリースのアルバム「Attitude」のDVDに収録されている、合唱Versionの公式アレンジとなっています。心に沁みるこの一曲を合唱で歌ってみませんか。

僕のこと

作詞・作曲・編曲：大森元貴　合唱編曲：黒田賢一

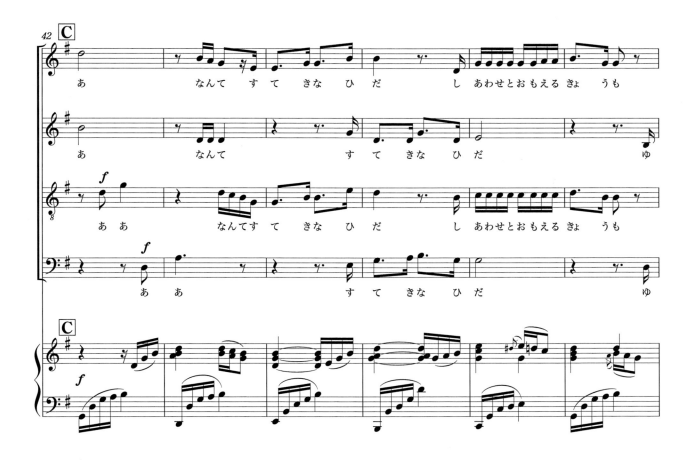

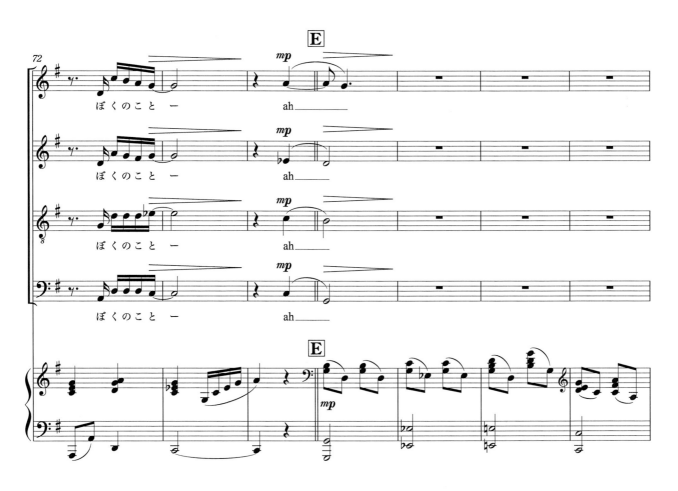

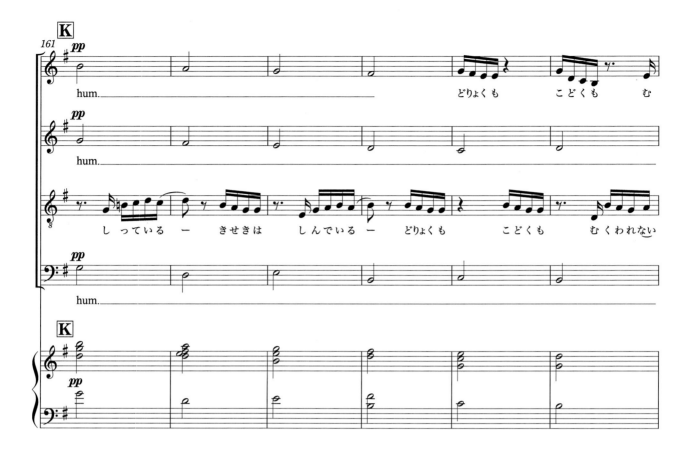

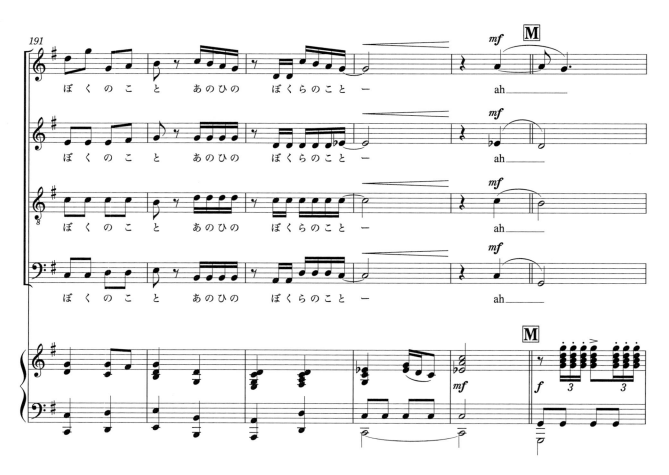

僕のこと (Mrs. GREEN APPLE)

作詞：大森元貴

僕と君とでは何が違う？
おんなじ生き物さ　分かってる
でもね、僕は何かに怯えている
みんなもそうならいいな

がむしゃらに生きて誰が笑う？
悲しみきるには早すぎる
いつも僕は自分に言い聞かせる
明日もあるしね。

ああ　なんて素敵な日だ
幸せと思える今日も
夢敗れ挫ける今日も
ああ　諦めず踠(もが)いている
狭い広い世界で
奇跡を唄う

僕らは知っている
空への飛び方も
大人になるにつれ忘れる
限りある永遠も
治りきらない傷も
全て僕のこと
今日という僕のこと

得ては失う日々　意味はある？
伝わることのない想いもある
だから僕は時々寂しくなる
みんなもそうなら
少しは楽かな
僕だけじゃないと
思えるかな

ああ　なんて素敵な日だ
誰かを好きでいる今日も
頬濡らし眠れる今日も
ああ　嘆くにはほど遠い
狭い広い世界で
僕らは唄う

冬に咲く花に
命が芽吹くよ
駆けるは　雪の大地
青すぎた春を
忘れずに居たいと
語るは　友との地図
駆けるは　人の旅路

僕らは知っている
奇跡は死んでいる
努力も孤独も
報われないことがある
だけどね
それでもね
今日まで歩いてきた
日々を人は呼ぶ
それがね、軌跡だと

ああ　なんて素敵な日だ
幸せに悩める今日も
ボロボロになれている今日も
ああ　息をして踠(もが)いている
全て僕のこと
あの日の僕らのこと

僕と君とでは何が違う？
それぞれ見てきた景色がある
僕は僕として、いまを生きてゆく
とても愛しい事だ

エレヴァートミュージックエンターテイメントはウィンズスコアが
展開する「合唱楽譜・器楽系楽譜」を中心とした専門レーベルです。

ご注文について

エレヴァートミュージックエンターテイメントの商品は全国の楽器店、ならびに書店にてお求めになれますが、店頭でのご購入が困難な場合、当社WEBサイト・電話からのご注文で、直接ご購入が可能です。

◎当社WEBサイトでのご注文方法

elevato-music.com

上記のURLへアクセスし、オンラインショップにてご注文ください。

◎お電話でのご注文方法

TEL.0120-713-771

営業時間内に電話いただければ、電話にてご注文を承ります。

※この出版物の全部または一部を権利者に無断で複製(コピー)することは、著作権の侵害にあたり、
　著作権法により罰せられます。

※造本には十分注意しておりますが、万一、落丁・乱丁などの不良品がありましたらお取り替えいたします。
　また、ご意見・ご感想もホームページより受け付けておりますので、お気軽にお問い合わせください。